AF463939

Henri CERNUSCHI

REMARQUES FINANCIÈRES

(23 MARS — 16 AVRIL 1886)

Tirées du SIÈCLE

23 Mars 1886.

Le Nouveau Budget. — La Rente 3.60 °/o. L'Unification des Rentes.

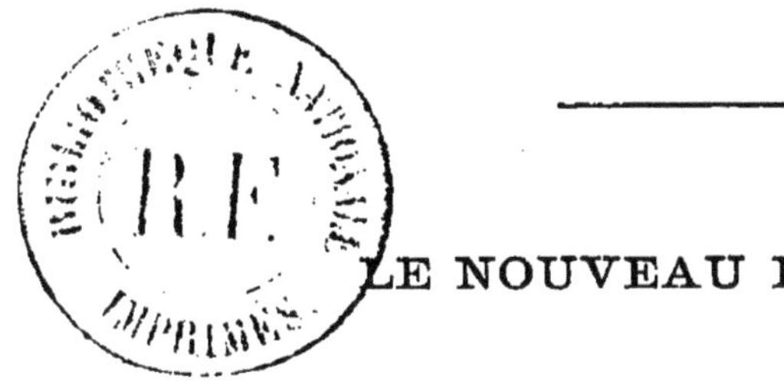

LE NOUVEAU BUDGET

1° Suppression de l'amortissement (1).

2° Suppression du budget extraordinaire. Réunion dans un seul budget de tous les comptes et de toutes les opérations.

3° Abolition de l'impôt sur le papier.

---

(1) Étant donné que la réduction des dépenses a été poussée, dans chaque ministère, aussi loin que possible, étant donné qu'on a demandé à l'impôt tout ce que, raisonnablement, on pouvait lui demander, l'État ne pourrait amortir une portion quelconque de sa dette sans contracter une dette nouvelle. Boucher un trou en faisant un autre trou. Résultat nul. Frais perdus. Amortissement hypocrite.

Exemple : Le 1er Avril prochain on amortit, au pair de cent, 713,670 fr. de rente 3 °/o amortissable. Le Trésor débourse 23,787,000 francs. Il n'a touché, lors de l'émission à 80 francs, que 18 millions. Donc, plus de cinq millions de perte sèche. Mais aura-t-on réellement amorti, c'est-à-dire diminué le montant de la dette publique? Non, car on se procure les 23,789,000 francs en augmentant la dette flottante. Et la dette flottante est, elle-même, une dette perpétuelle comme toutes les dettes, tant qu'elles ne sont pas payées, ou tant qu'elles sont payées par des renouvellements.

4° Remaniement de l'impôt sur les boissons et relèvement de la taxe sur l'alcool.

5° Réforme organique des Trésoreries.

6° Retrait des titres sexennaires en circulation.

7° Extinction d'autres dettes flottantes.

Les sommes nécessaires à l'exécution de ce programme, on se les procurerait en négociant des rentes perpétuelles rapportant, au prix d'émission, un intérêt annuel de 3.80 °/₀. Le montant de rentes ainsi créées serait de 56 millions, dont 18 pour le retrait des titres sexennaires (466 millions) et 38 pour réaliser un milliard de francs qui serait employé comme suit :

105 millions pour solder le compte de la liquidation de la guerre.

400 millions pour éteindre d'autant les comptes courants des Caisses d'épargne et de la Caisse nationale de la vieillesse.

495 millions pour éteindre d'autres dettes flottantes et pour remplacer les 153 millions de titres sexennaires dont l'émission a été autorisée, mais n'a pas été effectuée.

1.000 millions.

Tel est le nouveau budget. Il est sincère et bien bâti.

Mise à part la somme exigée pour solder le compte de liquidation, — 105 millions, — l'opération proposée se traduit par une simple transformation d'engagements. Elle changerait en rentes des obligations à intérêt déjà existantes, elle n'augmenterait pas la dette. Tout l'emprunt, l'emprunt réel, ne serait donc que de 105 millions.

Est-il bien utile de transformer sur une si vaste échelle ? Convient-il, notamment, de rembourser 400 millions aux Caisses d'épargne ?

Créer tout exprès 15 millions de rente et les mettre en circulation pour réaliser 400 millions de francs, puis remettre ces 400 millions à une Commission qui aurait le mandat de s'en démunir au plus tôt en faisant acheter des rentes à la Bourse pour le compte des Caisses d'épargne, c'est une combinaison qui pourrait leur être très dommageable. Afin de ne pas perdre des intérêts sur les sommes remboursées par l'État, on achèterait vite et par grandes masses. Les titres ainsi acquis coûteraient cher. Si une panique venait à se déclarer, est-ce que l'exigibilité intégrale des dépôts ne serait pas compromise, et, alors, ne reconnaîtrait-on pas qu'il eût mieux valu que les Caisses d'épargne fussent restées créancières des fonds versés à l'État ?

Pourquoi sans nécessité aucune grossir de 400 millions le montant du capital à mettre en souscription, au risque d'impressionner défavorablement l'opinion publique ?

Puis, la discussion de cette affaire des Caisses d'épargne entraînerait certainement devant la Chambre et le Sénat des lenteurs incompatibles avec le juste désir du Ministre des finances de ne pas retarder l'émission des rentes.

LA RENTE 3.60 °/₀.

Que si le projet de rembourser ces 400 millions était abandonné, le montant des rentes à créer ne serait plus

de 56 millions, mais seulement de 41, dont 18 seraient réservés aux porteurs des sexennaires et 23 seraient négociés pour réaliser 600 millions en espèces.

A quel taux faudrait-il donner ces 41 millions de rente pour assurer aux preneurs 3.80 °/₀ d'intérêt annuel ?

A 79 francs, si on crée du 3 °/₀ ;

A 95 francs, si on crée du 3.60 °/₀.

Si l'on crée du 3 °/₀, le capital au pair de cent que l'État devrait par suite offrir aux rentiers, au cas où il voudrait amortir sa dette, s'élèverait à 1,352 millions. Si l'on crée du 3.60 °/₀, le capital à offrir ne s'élèverait qu'à 1,122 millions. Différence : 230 millions. Le choix ne saurait être douteux. Il faudrait créer du 3.60 °/₀.

Ce fonds rapporterait 30 centimes par mois, et le coupon trimestriel serait de 90 centimes. Nombres ronds. Calculs faciles. Le public, qui fait très bon accueil au 4.34 °/₀ italien, n'aurait certainement aucune répulsion pour le 3.60 °/₀ français.

L'UNIFICATION DES RENTES.

Dès que le 3.60 °/₀ serait créé, le montant des rentes perpétuelles inscrites au Grand-Livre (le 3 °/₀ non compris) s'élèverait à 384 millions, comme suit :

41 millions en 3.60 °/₀;

37 et 1/2 millions en 4 1/2 °/₀ ancien fonds;

305 et 1/2 millions en 4 1/2 °/₀ nouveau fonds.

Sous peu, probablement au courant de 1887, le cours du 3.60 °/₀ aurait dépassé le pair. C'est alors que le

4 1/2 °/₀ ancien devrait être converti en 3.60 °/₀. Les 37 et 1/2 millions de rente seraient réduits à 30. Différence: 7 et 1/2 millions, soit une valeur de 200 millions en capital. Voilà du véritable amortissement et sans bourse délier.

L'État s'est engagé à ne pas réduire le 4 1/2 °/₀ nouveau avant le 16 août 1893; c'est donc vers cette date que ce fonds serait, lui aussi, converti en 3.60 °/₀. Économie annuelle : 61 millions à perpétuité.

Le total des rentes inscrites (le 3 °/₀ non compris) ne serait plus alors de 384 millions, mais de 316. Différence : 68 millions, soit une valeur d'environ deux milliards en capital.

Plus tard, nouvelle réduction. Ces 316 millions de rente 3.60 °/₀ seraient convertis en 254 millions de rente 3 °/₀ et toute la rente perpétuelle inscrite serait du 3 °/₀. L'unification serait faite. Loin d'avoir imposé des sacrifices, elle rappellerait les immenses bénéfices qu'on aurait réalisés pour l'obtenir.

1er Avril 1886.

Les deux 3 % comparés.

Si l'État émet du 3 % perpétuel à 80 francs, il emprunte à 3 3/4 %. Pour ne payer que 3 3/4 % avec le 3 % amortissable (en soixante-sept ans), l'émission devrait être faite à 85 francs. L'écart de valeur entre les deux rentes est de 5 francs.

Mais le public refuse de payer cet écart. A la Bourse, l'écart entre les deux 3 % n'est que 2 fr. 70 c. environ, d'où il faut déduire 62 1/2 centimes pour différence de jouissance, car le perpétuel est coté jouissance 1er avril, tandis que l'amortissable est coté jouissance 16 janvier. L'écart que le public consent à payer est donc d'environ 2 francs, au lieu de 5.

Très funeste a été pour l'État l'invention du 3 % amortissable. Quant au 3 % perpétuel, son seul et maigre mérite est d'être pour l'État moins mauvais que l'amortissable. Cela ne suffit pas pour en recommander une nouvelle émission.

2 Avril 1886.

La Caisse des Dépôts et Consignations et les Caisses d'Épargne.

Est-ce que jamais un banquier fait des affaires avec sa propre caisse? Pourquoi donc l'Etat en fait-il de si nombreuses avec l'une de ses caisses, celle des dépôts et consignations ?

Une caisse pour la garde des consignations est utile, nécessaire. Mais pourquoi cette caisse sert-elle d'intermédiaire entre l'Etat et les créanciers de l'Etat ?

Être créancier de la Caisse des dépôts et consignations n'est-ce pas la même chose que d'être créancier de l'Etat ?

Voilà une caisse d'épargne qui est créancière de l'Etat pour 5 millions qu'elle a versés à la Caisse des dépôts et consignations. Que gagne-t-elle à ce que l'Etat remette à cette caisse des titres de rente valant aujourd'hui 5 millions ? Une seconde signature de l'Etat pour garantir une créance déjà garantie par sa première signature est une superfétation. La caisse d'épargne, qui est créancière des susdits 5 millions, sait parfaitement qu'elle peut compter sur le remboursement immédiat des sommes dont elle aurait besoin pour rembourser à son tour ceux de ses clients qui, de temps à autre, demandent leur argent. Que si le cataclysme qu'on se plaît à redouter survenait, l'Etat resterait toujours débiteur de la totalité des 5 millions, et la caisse qui en est créancière n'aurait que faire des

rentes gisantes dans la caisse des consignations. Que vaudraient-elles, ces rentes, le jour où l'État ne serait pas en mesure de faire face aux demandes des caisses d'épargne venant réclamer leurs fonds? Elles seraient loin de valoir 5 millions. Que si l'Etat prenait alors le parti de consolider les dépôts des caisses d'épargne, il serait évidemment tenu de leur livrer des rentes au cours qu'elles auraient à la date de la consolidation et non pas au cours actuel.

On a prétendu, en 1883, qu'en remettant 45 millions de rente 3 °/₀ amortissable à la Caisse des dépôts et consignations, l'Etat consolidait 1,200 millions des fonds à lui versés par les caisses d'épargne. Erreur. Il n'a rien consolidé du tout, car l'exigibilité des 1,200 millions est restée telle quelle. On peut brûler ces 45 millions de rente. Les caisses d'épargne et leurs clients n'y perdraient absolument rien.

On dit aussi que, si de grandes dépenses ont été faites, c'est parce qu'on avait sous la main les millions versés par les caisses d'épargne. C'est encore une erreur. Les dépenses faites ont toujours été autorisées par des votes législatifs. Et, pour les voter, le Parlement n'a jamais songé à s'enquérir des sommes qui pouvaient matériellement se trouver dans les caisses de l'Etat.

Le gouvernement va prochainement demander l'ouverture d'un crédit pour l'Exposition de 1889. Viendra-t-on dire, si le crédit est voté, que ni le gouvernement, ni les Chambres n'ont pas su résister à la tentation de dépenser l'argent versé au Trésor par les caisses d'épargne ?

L'Etat avance des millions anx chemins de fer pour

les garanties d'intérêt. Il se procure ces millions en offrant au public des Bons du Trésor. Ne vaudrait-il pas mieux effectuer ces avances au moyen des fonds que les Caisses d'épargne apportent spontanément à l'Etat ? Les Bons du Trésor sont à échéance ; il faut les renouveler sans cesse. Les fonds des caisses d'épargne ne donnent lieu à aucun renouvellement, car les versements sont plus considérables que les retraits.

Si l'Etat se méfie de lui-même, si la confiance du public lui fait peur, s'il repousse les épargnes du peuple sous le prétexte qu'elles sont exigibles à volonté, que ne supprime-t-il cette admirable institution qu'il a fondée à l'exemple de l'Angleterre, la caisse d'épargne postale ?

Si l'exigibilité était une éventualité aussi redoutable qu'on le prétend, la Banque de France devrait se mettre en liquidation. Tous ses billets sont exigibles à vue et il est indubitable qu'elle serait dans l'impossibilité de payer, si les porteurs des billets se présentaient en foule pour en demander le remboursement.

Vendre des rentes pour rembourser de force les caisses d'épargne, lesquelles auraient ensuite à acquérir des rentes à la Bourse, ce serait une opération bien extraordinaire. Le marché en serait troublé. Les caisses d'épargne en seraient désolées.

Consolider les fonds des caisses d'épargne comme en 1883, en remettant des rentes à la Caisse des dépôts et consignations, ce serait une opération absolument nulle.

Le régime des caisses d'épargne n'est pas parfait. Des réformes sont nécessaires. Qu'on les étudie, qu'on les prépare. Mais on fait œuvre de confusion en mêlant la question des caisses d'épargne à la question de l'emprunt.

3 Avril 1886.

L'Idéal du Financier français.

La France est riche, laborieuse, économe. Elle a étonné le monde par la vigueur et la rapidité de son relèvement après 1871.

Si les Chambres acceptaient le budget tel que le gouvernement l'a présenté, sauf en ce qui concerne le type 3 °/₀ et l'affaire des caisses d'épargne, l'équilibre entre les recettes et les dépenses serait parfait. On n'entendrait plus parler de désordre, de mauvaise gestion. Tous ceux qui feignent de douter de l'avenir financier de la France deviendraient muets. De plus en plus recherchés, les fonds publics prendraient un nouvel essor, et l'idéal du financier français se laisserait entrevoir, non pas comme un mirage, mais comme une réalité tangible à court délai.

Quel est cet idéal? C'est de voir rendus au 3 °/₀ français les mêmes honneurs qu'on rend aux 3 °/₀ anglais et américains. Comme eux, le 3 °/₀ français mérite d'être au pair. Il sera payé cent francs. Mais pas d'un saut. La France doit parcourir les mêmes étapes que l'Angleterre et les États-Unis ont parcourues pour transformer leur 6 °/₀ en 5, puis leur 5 en 4 1/2 ou en 4, puis en 3 1/2, puis enfin en 3 °/₀.

Une première offre de remboursement au pair a été faite sous le ministère Tirard aux porteurs du 5 °/₀. Les porteurs ont refusé l'offre; ils ont préféré garder leurs

rentes, quoique réduites de 1/10. Le 5 °/₀ est ainsi devenu du 4 1/2, mais sans majoration de capital à payer lorsqu'on offrira aux porteurs une nouvelle option : remboursement au pair ou seconde réduction d'intérêts.

Quelques années doivent s'écouler avant que l'État puisse proposer cette nouvelle option. Il en a pris l'engagement. Mais d'ici là les 4 1/2 anciens, 37 1/2 millions de rente, pourront être convertis certainement en 4 °/₀, et très probablement, d'un seul bond, en 3.60 °/₀.

Est-ce que l'État se refuserait, en 1887 ou en 1888, à réaliser cette conversion, sous prétexte que le 3.60 °/₀ est un fonds de nouvelle invention? Commettrait-il la faute d'offrir non pas du 3.60 °/₀ au pair, mais du 3 °/₀ à 83 ou 84 francs? Certainement non, car il renoncerait bénévolement à l'avantage d'une conversion ultérieure du 3.60 °/₀ en 3 °/₀.

Or, cette faute de lancer non pas du 3.60 °/₀, mais du 3 °/₀, faute que certainement il ne commettrait pas lors de la conversion du 4 1/2, l'État paraît vouloir la commettre aujourd'hui.

Mettre en souscription du 3 °/₀ à 79 francs quand on peut, avec la même charge d'intérêts annuels, mettre en souscription du 3.60 °/₀ à 95 francs, c'est perdre de vue l'idéal du financier français, c'est faire fi de l'économie qu'on réaliserait plus tard en réduisant le 3.60 °/₀ en 3 °/₀. Il ne s'agit pas de peu, il s'agit de défalquer à perpétuité un sixième des intérêts annuels.

Il n'y a plus un seul pays où l'on ne se soit pas aperçu que c'est manquer aux principes élémentaires de l'art financier, que d'émettre du 3 °/₀ quand on doit le donner à 20 °/₀ au-dessous du pair.

En Prusse, en Belgique, on a émis du 3.50 °/₀, et ces fonds sont cotés à 103, 103 1/2. La Hollande convertit son 4 °/₀ en 3 1/2. Et la France n'oserait pas émettre du 3.60 °/₀ ! J'en demeure confondu.

Mais pourquoi du 3.60 °/₀ et non pas du 3.50 °/₀ ? Parce qu'en France on paie des coupons à chaque trimestre, et que par ses diviseurs le 3.60 °/₀ se prête mieux aux calculs et aux paiements que le 3.50 °/₀. Du reste, 360 est le nombre commercial auquel on ramène tous les comptes d'intérêt. Un centime par jour.

Tant que l'émission des rentes n'est pas votée par les deux Chambres, on a le droit d'espérer que le type 3.60 °/₀ aura la préférence.

5 Avril 1886

Le 3 1/2 °/₀.

Aux yeux du *Temps*, le 3 1/2 est un type vierge et martyr.

Il est vierge, en France, c'est vrai, parce qu'on n'a pas encore su apprécier ses mérites, et parce qu'on lui a préféré, et qu'aujourd'hui encore des hommes très avancés, d'accord, en cela, avec M. Say, lui préféreraient cet affreux 3 °/₀ amortissable.

Mais martyr le 3 1/2 ne l'a été nulle part. Au contraire, voyez ses palmes, ce sont les palmes de la victoire.

Achetez sur le boulevard la *Francfurter Zeitung*. Parcourez le cours de la Bourse. Vous y trouverez cotés les titres suivants :

3 1/2 °/₀ consolidé prussien au cours de	101 »
3 1/2 °/₀ de Baden	103 »
3 1/2 °/₀ de Bavière	100 »
3 1/2 °/₀ de Brunswick	100 »
3 1/2 °/₀ de Hambourg	99.90
3 1/2 °/₀ de Wurtemberg	100 25
3 1/2 °/₀ obligations chemins de fer de Tannus	98 40
3 1/2 °/₀ obligations foncières de Bavière	99 »
3 1/2 °/₀ obligations de Nassau	99 85
3 1/2 °/₀ — Ville de Francfort	100 »
3 1/2 °/₀ — Ville de Rostok	97 95
3 1/2 °/₀ Maison Furstemberg	97 50
3 1/2 °/₀ — Leiningen	95 20

3 1/2 °/₀ Maison Livenstein	. . . .	97 »
3 1/2 °/₀ — Newied	. . . .	97 »
3 1/2 °/₀ — Salm	. . . .	96 50

La Hollande va avoir son 3 1/2 comme la Belgique. La ville d'Amsterdam a déjà le sien.

C'est ainsi qu'on sait amortir à l'étranger. N'est-il pas vrai que, si l'État n'avait plus de rentes à servir, la dette perpétuelle n'existerait plus, et que, par conséquent, tout le capital de cette dette se trouverait amorti ? Eh bien ! ce qui est vrai pour le tout est vrai pour la partie. Diminuez par des réductions d'intérêt le montant des rentes à servir, et vous amortissez du coup une partie correspondante du capital que la rente représente. Et ce résultat s'obtient sans augmentation des dépenses budgétaires, sans augmentation des impôts et sans outrer les économies. Le législateur ne doit jamais perdre de vue ce programme. Il doit surtout ne pas le compromettre par des émissions de 3 °/₀ à 79 ou 80.

La règle financière est celle-ci : Mettre en circulation le type de rente auquel on pourra prochainement assimiler, par une réduction d'intérêt, les rentes d'un autre type déjà existantes.

Le 3 °/₀ ne tient pas compte de cette règle. Il est trop éloigné du 4 1/2, dont la réduction doit être le point de mire. Que le cours du 3 °/₀ monte à 85 ou 86, cela ne décide de rien; mais que le 3 1/2 ou le 3.60 °/₀ s'élève à 100, 101, et le 4 1/2 tombe par attraction irrésistible dans les bras du 3.60 °/₀. C'est un amortissement indirect, mais réel, du cinquième du capital. Donc il faut émettre du 3.60 °/₀.

6 Avril 1886.

Le 3 1/2 % aux États-Unis d'Amérique.

En 1881 le gouvernement fédéral a créé 108 millions de rentes 3 1/2 %, et, s'adressant aux porteurs de 158 millions de rente 6 % et 5 %, il leur tint ce langage : « Prenez en échange de vos 158 millions de rente 6 % et 5 %, ces 108 millions de rente 3 1/2 %, ou je vous rembourse au pair le capital de votre créance. » Les rentiers ont refusé ce remboursement et ont accepté la réduction en 3 1/2 %. Le gouvernement réalisait ainsi au profit des contribuables une économie de 50 millions de francs par an.

Une grande partie de ces rentes 3 1/2 % a été amortie depuis (amortie, non pas en vertu d'une loi draconienne d'amortissement forcé, hypocrite et malfaisant, mais *motu proprio*, au moyen d'excédents de recettes réellement encaissés).

Toutes les rentes 3 1/2 qui n'ont pas été ainsi amorties ont été, par la suite, converties en 3 % que le gouvernement américain a livré au pair de 100 et non à 79 ou 78 comme le livrerait le gouvernement français s'il ne revenait pas sur sa décision. Mais, comme le président du conseil et le ministre des finances ont su abandonner de bonne grâce le projet qu'ils avaient eu d'aliéner 15 millions de rente pour rembourser en argent les caisses d'épargne, il est permis d'espérer qu'ils abandonneront de même l'idée d'aliéner du 3 % français à 20 ou 22 % d'escompte.

7 Avril 1886.

Le Type de la Rente à émettre.

La France d'aujourd'hui est garante de tous les engagements qu'elle a pris depuis Pharamond jusqu'à ceux qu'elle va prendre pour le Métropolitain et pour l'Exposition de 1889.

Inutile de récriminer sur le passé. C'est de l'avenir qu'il s'agit. La question à résoudre sur l'heure est celle du type de la rente qu'on va émettre, car l'émission aura lieu quel que soit le vote de la droite et quel que soit le défaut d'entente entre les gauches.

M. Lalande ne veut pas du 3 % perpétuel. On sait que je suis de son avis. M. Lalande voudrait du 4 % émis à 102 %. Pas d'objection au fond si le public français était porté à souscrire des rentes au-dessus du pair.

M. Andrieux a eu le mérite de condamner *mordicus* le 3 % amortissable, si cher à M. Say et si regretté par M. Camille Dreyfus. M. Andrieux n'est pas favorable non plus au 3 % perpétuel avec amortissement par rachats et il ne voterait pas pour le 4 % de M. Lalande. Pourquoi lui et ses amis n'adopteraient-ils pas le type 3 1/2 (ou 3.60 %), type qui laisse ouvertes toutes les portes aux conversions futures et qui ne fait pas appel à l'amortissement coercitif ?

Le discours de M. J. Roche a été politique hier. Il sera financier jeudi.

8 Avril 1886.

Émission de 19 Millions de Rentes.

C'est ainsi qu'on devrait annoncer l'opération. Pourquoi crier par-dessus les toits : Emprunt de 500 millions ? On a l'air d'emprunter à nouveau, tandis qu'en réalité on ne fait que changer et améliorer la forme d'obligations à intérêt déjà existantes ou déjà votées.

« Vous avez dit que vous n'emprunteriez pas et vous empruntez. » Ce reproche qu'on adresse au gouvernement n'est pas juste.

Payer des intérêts sur des titres de rentes ou les payer sur des sexennaires ou sur des bons du Trésor, cela revient au même en tant que charge annuelle. En tant que solidification du budget, cela vaut mieux. Et le moment est propice pour effectuer cette amélioration, c'est-à-dire pour émettre des rentes.

D'emprunté à nouveau il n'y a que les 105 millions avec lesquels on supprime le budget extraordinaire et on solde le compte de liquidation. Et vous, les opposants de gauche et de droite, qu'auriez-vous donc fait à la place du gouvernement ? Auriez-vous émis 105 millions de plus en sexennaires ? En seriez-vous fiers ?

LE TITRE DÉTESTABLE.

Le président du conseil a prononcé en dernier ressort la condamnation du 3 % amortissable. Mais ce qu'il n'a

pas dit et ce que personne n'a encore dit : c'est que si, au lieu de créer ce titre détestable, on avait émis des rentes perpétuelles, il n'y aurait pas eu besoin aujourd'hui de demander à l'emprunt pas même les cent millions destinés à éteindre le compte de liquidation de la guerre. Comment cela? C'est qu'on a eu le malheur de devoir rembourser et qu'on a, en effet, déjà remboursé près de 100 millions d'amortissable. (On y a perdu une vingtaine de millions, car on n'avait touché que 80 millions.) Si cette folle dépense, qu'on ose appeler amortissement, n'avait pas été faite, on n'émettrait pas aujourd'hui 19 millions de rente, mais 15 seulement, et le compte de liquidation de la guerre se trouverait soldé, sans rien, absolument rien, demander à l'emprunt proprement dit.

UN REGARD EN ARRIÈRE.

Quel bonheur pour la finance française si on n'avait jamais émis de 3 °/₀ perpétuel! Il en existe pour 363 millions et le capital remboursable est de 12 milliards. Si, au lieu d'émettre ces rentes 3 °/₀ on avait émis du 5 °/₀, le capital remboursable ne serait que de 8 milliards et la rente à servir, réduite à 4 1/2, aurait diminué de 1/10, avec certitude d'être réduite de trois autres dixièmes d'ici à quelques années, quand le 3 °/₀ sera au pair. Bénéfice total pour le Trésor, 140 millions par an à perpétuité. Bénéfice perdu à tout jamais. *Erudimini.*

L'Angleterre, les États-Unis, l'Allemagne, la Belgique ont émis du 3 1/2 avec l'intention de le réduire ensuite en 3 °/₀. La réduction a été faite en Angleterre et aux Etats-

Unis. Ces pays n'ont plus de 3 1/2. En Allemagne et en Belgique le 3 1/2 existe encore, mais il attend son jour pour être réduit en 3 °/o. Quoi ! la France ne saurait pas calculer comme sait calculer le plus petit Francfortois !

AMORTISSEMENT PAR RACHATS.

Mais avec quels fonds? Veut-on augmenter les impôts pour racheter en Bourse du 3 °/o? Quand viendra la discussion du budget j'étudierai, ici même, la question de l'amortissement, et très à fond. Pour le moment je dis ceci aux partisans de l'amortissement par rachats : Votez pour le type 3 1/2 ou 3.60 °/o, si ensuite vous tenez à amortir par voie de rachat, la denrée à racheter ne manquera pas. Vous opérerez sur le 3 °/o déjà existant.

STRATÉGIE.

Les types de rente sont comme les bataillons. On est victorieux si on sait les manœuvrer. Entre le bataillon 3 °/o et le bataillon 4 1/2 °/o, placez un bataillon de nouvelle formation, le 3.60 °/o. Le vieux 3 °/o, si vous ne commettez pas la maladresse d'en augmenter la masse, bondira de 3 francs cette année même. Le 3.60 °/o, émis à 95, sera au pair en 1887, et le 4 1/2 ancien changera immédiatement d'uniforme pour s'incorporer dans le 3.60, à la grande joie des contribuables. Vive la France !

10 Avril 1886.

L'Article 7.

Il est ainsi conçu :

« La loi des finances ouvrira à l'amortissement de la rente 3 °/₀ perpétuelle un crédit fixé annuellement.

« Cet amortissement aura le caractère obligatoire de la dette publique.

« Le crédit y relatif sera inscrit à un chapitre spécial, ouvert à la première partie du budget ordinaire des dépenses de l'exercice, section de la dette consolidée. »

Ou je n'y comprends rien, ou cet article signifie que, pour obéir au législateur de 1886, le législateur de 1887 devra faire une loi fixant la somme à dépenser au courant de 1888 en rachats de rente 3 °/₀. De même le législateur de 1888 devra faire une loi fixant la somme à dépenser en 1889 pour le même objet. Et ainsi de suite d'une année sur l'autre. Le législateur de 1886 ne dit pas combien on devra dépenser chaque année ; il veut bien s'en remettre, pour cela, aux législateurs futurs.

Mais le législateur futur pourra se retourner vers le législateur de 1886 et lui dire : Quel droit aviez-vous d'exiger que je fisse une loi de rachat pour l'année prochaine ? Et si, pour faire mine de vous obéir, je rendais

une loi portant que l'année prochaine on dépensera cent francs à racheter du 3 °/₀?

Une loi d'amortissement est un contrat qui lie l'Etat, et pour des sommes fixées d'avance, aux porteurs des titres. C'est le cas du 3 °/₀ amortissable. Mais un article 7 prescrivant aux législateurs futurs d'avoir à rendre des lois d'amortissement n'est ni une loi ni un contrat. C'est zéro.

12 Avril 1886.

L'Économiste distingué.

Dieu des 3 %, tu l'emportes ! C'en est fait du 3.60. Mais il convient, pour l'édification de ceux qui m'ont lu, de ne pas laisser accréditer certaines accusations portées contre le type 3.60. Dans la séance du 8 Avril, M. le Ministre des finances a dit ce qui suit :

« Un économiste distingué et d'une incontestable compétence faisait récemment ressortir ces inconvénients avec une grande netteté et dans des termes que vous me permettrez de reproduire : « Quels sont, disait-il, les inconvénients d'un emprunt fait au pair ou tout près du « pair ? Il dépasse le pair presque aussitôt ; et alors la « crainte de la conversion le retient non loin du prix de « remboursement qu'il a dépassé. Les rentes au-dessus « du pair, comme l'ancien 5 % et le 4 1/2 % actuel, « sont donc arrêtées dans leur essor de hausse ; « elles sont capitalisées moins haut qu'elles ne seraient « sans la possibilité de la conversion ; le revenu plus « élevé qu'elles offrent détourne les capitaux de s'em- « ployer sur les rentes au-dessous du pair, et détermine « des arbitrages constants en leur faveur.

« En un mot, l'existence d'une rente au-dessus du « pair empêche les rentes 3 % de s'élever à leur vrai « prix. »

Supposons qu'on ait émis le 3.60 % à 95 francs. Il

dépasserait le pair presque aussitôt, se dit l'économiste distingué, et il en gémit. Moi, au contraire, je dis : Tant mieux ; car en dépassant le pair, il fera monter le 3 %.— Mais le 4 1/2 sera arrêté dans son essor de hausse, ajoute l'économiste distingué, et il gémit encore. Et moi de répéter: Tant mieux. L'État n'a nul avantage à ce que le 4 1/2 monte de beaucoup. Ce fonds est destiné à une nouvelle conversion, et les porteurs s'en accommoderont mieux si le titre est à 110 que s'il est à 120.

« L'existence d'une rente au-dessus du pair empêche, « au dire de l'économiste distingué, les rentes 3 % de « s'élever à leur vrai prix. » Jamais plus fausse proposition n'aura retenti à la Bourse. J'en appelle à tous les agents de change, à tous les coulissiers, à tous les spécialistes, j'en appelle à M. le baron Alphonse de Rothschild lui-même. Pour être dans le vrai, il faut précisément que la proposition soit renversée, il faut dire: L'existence d'une rente au-dessus du pair donne nécessairement une plus grande valeur au 3 %. Pourquoi? Parce que le 3 % ne craint pas la réduction d'intérêt que peuvent redouter les fonds qui ont dépassé le pair.

Le 4 1/2 est coté 109 francs, il rapporte 4; le 3 % est coté 81, il ne rapporte que 3 3/4. Peut-on, en présence de ces faits, venir dire que l'existence du 4 1/2 au-dessus du pair empêche l'élévation du 3? C'est au contraire l'existence du 3 inconvertible qui soutient le 4 1/2, sujet à conversion. Et le même 3 % aurait poussé le 3.60, si le Ministre des finances avait voulu lancer ce nouveau fonds aux environs de 95, au lieu d'émettre à nouveau du 3 % aux environs de 80. Et le 3.60 % aurait bientôt franchi le pair. Et la conversion en 3.60 de l'ancien

4 1/2 serait devenue imminente. Et celle du 4 1/2 nouveau aurait eu lieu dans quelques années, à l'expiration du délai pendant lequel l'État se l'est interdite.

Je ne mets pas en doute la distinction de l'économiste dont l'autorité a été invoquée à la tribune par M. le Ministre, et dont j'ignore le nom; ce que je nie, c'est sa compétence.

On peut, du reste, avoir le renom d'économiste tout en étant presque étranger à la science financière. Cette science exige qu'on connaisse le marché des fonds publics et ses détours, qu'on ait une notion exacte du report et du déport, qu'on soit au-dessus des préjugés des banquiers, qu'on écarte les suggestions des fantaisistes, et qu'on n'ignore ni le Droit ni les Logarithmes.

13 Avril 1886.

Le Meilleur Type.

L'article 2 de la loi du 27 avril 1883 est ainsi conçu :

L'exercice du droit de remboursement de l'État est suspendu pour les nouvelles rentes 4 1/2 °/₀ pendant un délai de dix années, à courir du 16 août 1883.

Donc, à moins que le gouvernement ne demande et n'obtienne l'abrogation de cet article de loi, l'État ne manquera pas, après le 16 août 1893, de convertir le 4 1/2. Et je ne saisis pas la portée des paroles ci-après que M. le Ministre des finances a prononcées dans la séance du 8 avril :

Les conversions de rentes sont mal comprises du public français, et il faut éviter de les multiplier.

Le public français, surtout le grand public (les contribuables) a très bien compris en 1883 la conversion du 5 en 4 1/2, et comprendrait très bien, après 1893, la conversion du 4 1/2 en 3.60 °/₀.

Il ne s'agit nullement de multiplier les conversions ni de faire, comme dit le *Temps,* des conversions *brutales.* Il s'agit uniquement de tout bien disposer pour la conversion du 4 1/2 nouveau, conversion qui est déjà implicitement stipulée par l'article 2 de la loi de 1883, et de

réaliser au plutôt la réduction du 4 1/2 ancien, à l'égard duquel le droit de remboursement n'a pas été suspendu. Tel était le but du 3.60 °/₀ que j'avais proposé. Point de multiplication, point de brutalité.

M. le Ministre a encore dit :

Les porteurs français considèrent toujours, à tort sans doute, qu'on les dépouille d'une part de leur avoir quand on réduit une portion de leurs rentes. Ils redoutent les conversions ; aussi un type menacé de conversion prochaine est toujours frappé de discrédit.

Ce *toujours* n'est pas historique. Pour le justifier il faudrait pouvoir citer plus d'un exemple. En fait le 3.60 °/₀ n'aurait pas été menacé d'une conversion prochaine, et rien n'aurait empêché de reproduire l'article de 1883. « Le droit de remboursement sera suspendu pour les nouvelles rentes 3.60 °/₀ pendant le délai de dix années à courir de 1887. »

Le public préfère, dit-on, le 3 °/₀; donc il faut lui donner du 3 °/₀. Il préférerait aussi du 3 °/₀ à 75 plutôt qu'à 80, et il préférerait ne pas payer d'impôt, etc. Tout cela n'est pas sérieux.

La règle est celle-ci : Offrir au public un rendement qui le décide à souscrire. Au besoin déclarer suspendu pendant un temps le droit de remboursement. Et comme type à émettre, préférer celui qui répond le mieux aux intérêts du Trésor. Pendant ce printemps de 1886, le type 3.60 °/₀ devait avoir la préférence.

Le Sénat pourra approuver l'émission des rentes 3 °/₀, mais ce ne sera certainement pas en s'appuyant des motifs qu'on a fait valoir à la Chambre des députés.

14 Avril 1886.

M. Coste.

L'économiste cité par M. le Ministre des finances est M. Coste. C'est M. Coste lui-même qui me l'apprend dans le *Soir* de ce matin 13, qu'on vient de me remettre.

M. Coste est l'auteur d'un très beau livre : *Les Institutions monétaires de la France*. Et M. Coste a le mérite d'être un bimétalliste convaincu. Qu'on en juge par la page 19 de son livre :

La loi du 7 germinal an XI a fait une œuvre qui a été, selon nous, fort avantageuse pour la France, en attribuant à l'or la fonction de monnaie légale sur le même pied qu'à l'argent, ou plutôt en maintenant à l'or cette fonction que toutes nos anciennes constitutions monétaires lui avaient reconnue. Grâce à l'emploi concurrent d'une monnaie d'or et d'une monnaie d'argent reliées entre elles par un rapport fixe de valeur, notre pays a pu passer d'une monnaie à l'autre, suivant les nécessités des circonstances, et il a eu ainsi plus de facilité pour maintenir toujours sa circulation métallique au niveau de ses besoins.

Ces dernières conséquences que nous attribuons à la loi de l'an XI sont très contestées, surtout de la part des économistes ; mais, quelque respect que nous professions pour la science économique, nous préférons à ses enseignements les leçons pratiques que fournit l'expérience. Or, l'opinion que nous exprimons au sujet des avantages qu'aurait procurés à la France l'adoption de la double circulation métallique nous a été imposée par une étude attentive des faits généraux de la circulation et des intérêts particuliers que la France a dans la question.

En réponse à mon article, M. Coste ne m'oppose qu'un argument :

> Je pourrais citer, dit-il, de grandes Compagnies d'assurances, dirigées par des financiers émérites qui, quelques mois avant la conversion du 5 °/₀, préoccupées de s'assurer un taux de placement plus rémunérateur, ont réalisé leur 3 °/₀ pour acheter du 5 °/₀. Mauvaise opération, j'en conviens, puisque la conversion est venue plus tôt que ces honorables Compagnies ne le croyaient, mais enfin opération dictée par la différence des cours et l'attrait d'un revenu maintenu artificiellement à un taux trop élevé.
>
> M. Cernuschi, qui connaît le report et le déport, le droit et les logarithmes, ne serait pas tombé dans une pareille erreur; mais combien y a-t-il de rentiers qui possèdent, comme lui, ces connaissances transcendantes?

L'ironie de la fin était de rigueur et n'est pas blessante. Mais je ferai remarquer à mon honorable collègue en bimétallisme, qu'à l'époque dont il parle on ne redoutait aucune conversion. Sans cela des « financiers émérites » n'auraient pas fait l'arbitrage qu'il rappelle. « La conversion, M. Coste le dit lui-même, est venue plus tôt que ces honorables compagnies ne le croyaient. » Je m'empresse d'en convenir. Mais aujourd'hui, chacun sait pertinemment que le 4 1/2 est convertible à date fixe. Et c'est pourquoi le 3 °/₀ est relativement plus cher que le 4 1/2, et c'est pourquoi l'argumentation de M. Coste, acceptée par M. le Ministre, n'a pas de base.

Mes lecteurs savent pour quelles raisons le type 3.60 °/₀ devrait être préféré, en France, au type 3.50. Si je m'en étais tenu au 3.50, M. Coste n'aurait pas trouvé que je défends un taux bossu. En réalité, le 3.60 n'est pas plus bossu que le 3.50 ou que le 4.50 °/₀.

15 Avril 1886.

L'Excellence du 3 °/₀.

S'appuyant de l'opinion de M. Coste, M. le Ministre des finances avait dit que l'émission d'un emprunt au pair ou très près du pair n'est pas sans inconvénient pour le marché. Que cette assertion soit erronée, je l'ai démontré. On ne refutera pas les trois articles que le *Siècle* a publiés : « L'Economiste distingué », « Le Meilleur type », et « M. Coste. » (1)

L'on sait, au surplus, qu'aucun Etat financièrement respectable ne fait plus d'émission en livrant des rentes à 20 ou 22 °/₀ au-dessous du pair. On a partout compris, en Europe, en Amérique, aux Indes, en Chine, au Japon que, pour le bien de l'Etat, il est indispensable que *l'émission des emprunts soit faite au pair ou très près du pair*.

Pour défendre la thèse contraire, pour décider les députés à voter le 3 °/₀, M. le Ministre leur a encore dit ceci :

1° Que le 3 °/₀ perpétuel jouit de cet immense avantage qu'on peut le négocier sur tous les marchés ;

---

(1) L'auteur des *Institutions monétaires de la France* est M. Costes, et non pas M. Coste. Mais M. Coste a publié l'*Hygiène sociale contre le paupérisme* (couronné au concours Pereire) et *Questions sociales contemporaines*.

2° Que le 3 °/₀ n'est pas influencé dans ses cours par les ventes ou par les achats.

Réponse :

1° Les marchés où l'on négocie le 3 °/₀ sont Paris, Lyon, Marseille, Bordeaux. Sur ces marchés on négocie de même le 4 1/2 et on y négocierait le 3.60 °/₀ ;

2° S'il était vrai que le 3 °/₀ ne soit pas influencé dans ses cours par les achats et les ventes, il aurait un prix fixe. Il ne l'a pas et ne peut l'avoir. Il monte et baisse comme le 4 1/2, comme l'Italien, etc. Le 3.60 °/₀ en ferait autant. Ni plus ni moins.

16 Avril 1886.

Les Caisses d'Épargne.

Plus de 5 millions de livrets créanciers de 2,250 millions de francs envers l'État, mais par portions minuscules (moins de 400 par livret en moyenne). Convient-il de faire une loi pour dire à ces millions de livrets : Moi, l'État, je vais créer en petits titres tout exprès pour vous 13 1/3 millions de rente et je vous remettrai ces petits titres si vous voulez bien vous laisser débiter de 350 millions de francs, chacun de vous pour la valeur de la rente qu'il souscrira, et dans la limite de son solde créditeur?

A cette question, la Chambre des députés a répondu oui. Que répondra le Sénat? M. Léon Say lui suggère de répondre non; et pour une fois je me trouve d'accord avec M. Léon Say.

Le monde de la banque et du grand commerce est toujours créancier envers la Banque de France d'environ 500 millions en compte courant sans intérêt. Il a ses raisons pour en agir ainsi. Il perd les intérêts, mais il s'assure la disponibilité des fonds.

Les livrets de caisses d'épargne sont créanciers envers l'État de 2,250 millions en compte courant avec intérêts. Et ils ont, eux aussi, leurs raisons pour en agir ainsi. Ils ne courent pas les risques de la baisse que courent les

rentiers et ils peuvent toujours disposer de leur capital, même par petites portions.

Cette bonne femme qui a 400 francs à la caisse d'épargne, elle sait parfaitement qu'elle pourrait acheter 12 ou 15 francs de rente avec les 400 francs dont elle est créancière. Mais après! Si elle avait besoin de 40 ou 50 francs, devra-t-elle courir chez l'agent de change et vendre 1 fr. 50 c. de rente? Et si le 3 °/₀ venait à baisser? Malédiction!

L'opération financière, proposée aux 5 millions de livrets se résoudrait, si elle avait lieu, en une leçon de pratique boursière. La bonne femme souscrira 3, 6, 12 francs de rente. Puis elle se rendra au jardin de la Bourse pour vendre sa souscription. Elle réalisera un bénéfice net de trente sous, et elle rapportera son pécule à la Caisse d'épargne. Car elle raisonne tout aussi bien que le monde de la banque et du grand commerce, lequel veut rester créancier de ses 500 millions en compte courant envers la Banque de France. Disponibilité et divisibilité du capital disponible.

La loi d'avril 1881 qui a créé la Grande caisse postale d'épargne est excellente, si excellente que nombre de déposants ont retiré leurs épargnes des caisses locales, qui paient 4 °/₀, pour les porter à la postale, qui paye seulement 3 °/₀.

Il faut donner le plus d'extension possible aux opérations de la Grande caisse postale et réduire à 3 °/₀ l'intérêt des caisses locales. La caisse postale sera préférée même si elle ne paye que 2 1/2. J'entrevois le jour où les ouvriers, les journaliers et domestiques qui forment la majorité la clientèle de l'épargne auront versé 4, 5

milliards à la Grande caisse postale à 2 °/₀ d'intérêt. L'État ne peut avoir de meilleurs créanciers. Ce seront eux, ces ouvriers, ces journaliers, ces domestiques, qui fourniront les fonds pour amortir scientifiquement, c'est-à-dire pour éteindre des dettes à intérêt plus élevé.

Y a-t-il une plus belle solution à étudier et à préparer? Mais pourquoi la gâter comme à plaisir, en invitant les livrets à jouer un jeu qui ne vaut pas la chandelle?

3464. — Paris. — Imp. Ve Éthiou Pérou et Fils, rue Damiette, 2 et 4.

www.ingramcontent.com/pod-product-compliance
Ingram Content Group UK Ltd.
Pitfield, Milton Keynes, MK11 3LW, UK
UKHW021214230726
13926UKWH00003B/1014

9 782014 058642